DESCRIPTION

DU CHATEAU

DE PIERREFONDS

PAR

M. VIOLLET-LE-DUC

Architecte du Gouvernement,
Inspecteur général des édifices diocésains.

PARIS

BANCE, ÉDITEUR

RUE BONAPARTE, 13,
EN FACE L'ÉCOLE DES BEAUX-ARTS.

1857

EN PRÉPARATION :

DESCRIPTION

DU

CHATEAU DE COUCY

PAR

M. VIOLLET-LE-DUC.

PARIS. — IMPRIMÉ CHEZ BONAVENTURE ET DUCESSOIS,
55, quai des Augustins.

LES RUINES DE PIERREFONDS.

DESCRIPTION

DU

CHATEAU DE PIERREFONDS

———o-◊-o———

Au XIIe siècle le château de Pierrefonds, ou plutôt de Pierrefonts, était déjà un poste militaire d'une grande importance, possédé par un comte de Soissons, nommé Conon. Il avait été, à la mort de ce seigneur qui ne laissait pas d'héritiers, acquis par Philippe-Auguste, et ce prince avait confié l'administration des terres à un bailli et à un prévôt, abandonnant la jouissance des bâtiments seigneuriaux aux religieux de Saint-Sulpice. En vertu de cette acquisition, les *hommes coutumiers* du bourg avaient obtenu du roi une « charte
« de commune qui proscrivait l'exercice des droits de
« servitude, de mainmorte, et de formariage...; et,
« en reconnaissance de cette immunité, les bourgeois
« de Pierrefonds devaient fournir au roi soixante ser-
« gents, avec une voiture attelée de quatre chevaux. »[1]

---

[1] Voy. *Compiègne et ses environs*, par Léon Evig; 1 vol. in-8, 1836.

Par suite de ce démembrement de l'ancien domaine, le château n'était guère plus qu'une habitation rurale ; mais, sous le règne de Charles VI, Louis d'Orléans, premier duc de Valois, jugea bon d'augmenter ses places de sûreté, et se mit en devoir, en 1390, de faire reconstruire le château de Pierrefonds sur un point plus fort et mieux choisi, c'est-à-dire à l'extrémité du promontoire qui domine une des plus riches vallées des environs de Compiègne, en profitant des escarpements naturels pour protéger les défenses sur trois côtés, tandis que l'ancien château était assis sur le plateau même, à cinq cents mètres environ de l'escarpement.

La bonne assiette du lieu n'était pas la seule raison qui dut déterminer le choix du duc d'Orléans.

Si l'on jette les yeux sur la carte des environs de Compiègne, on voit que la forêt du même nom est environnée de tous côtés par des cours d'eau qui sont : l'Oise, l'Aisne, et les deux petites rivières de Vandi et d'Automne.

Pierrefonds, appuyé à la forêt vers le nord-ouest, se trouvait ainsi commander un magnifique domaine, facile à garder sur tous les points, ayant à sa porte une des plus belles forêts des environs de Paris. C'était donc un lieu admirable, pouvant servir de refuge et offrir les plaisirs de la chasse au châtelain. La cour de Charles VI était très-adonnée au luxe, et parmi les grands vassaux de ce prince, Louis d'Orléans était un des seigneurs les plus magnifiques, aimant les arts, éclairé, ce qui ne l'empêchait pas d'être plein d'ambition et d'amour du pouvoir; aussi voulut-il que son nouveau château fût à la fois une des plus somptueuses résidences de cette époque, et une forteresse construite de manière à défier toutes les attaques.

Monstrelet en parle comme d'une place de premier ordre et un lieu admirable.

Pendant sa construction, le château de Pierrefonds, défendu par Bosquiaux, capitaine du parti des Armagnacs, fut attaqué par le comte de Saint-Pol, envoyé par Charles VI pour réduire les places occupées par son frère. Bosquiaux, plutôt que de risquer de laisser assiéger ce beau château encore inachevé, sur l'avis du duc d'Orléans, rendit la place, qui plus tard lui fut restituée. Le comte de Saint-Pol ne la quitta qu'en y mettant le feu. Louis d'Orléans répara le dommage et acheva son œuvre.

En 1420, le château de Pierrefonds, dont la garnison était dépourvue de vivres et de munitions, ouvrit ses portes aux Anglais. Charles d'Orléans et Louis XII complétèrent cette résidence; toutefois, il est à croire que ces derniers travaux ne consistaient guère qu'en ouvrages intérieurs, en distribution d'appartements, car la masse imposante des constructions appartient tout entière au commencement du xve siècle.

Le château de Pierrefonds, dont on voit le plan, figure 1re, au niveau du rez-de-chaussée de la cour, est à la fois une forteresse du premier ordre et une résidence renfermant tous les services destinés à pourvoir à l'existence d'un grand seigneur et d'une nombreuse réunion d'hommes d'armes. Séparé du plateau à l'extrémité duquel il est assis par un fossé A, creusé de main d'homme dans le roc, et dallé avec soin, son entrée principale, G, est précédée d'une vaste basse-cour C, autour de laquelle s'élevaient les écuries, étables et logements des serviteurs. On voit encore en C' l'abreuvoir circulaire destiné au bétail et aux chevaux. La porte d'entrée de la basse-cour était percée dans le mur de clôture de l'est, F; on retrouve encore sur ce point un des pieds-droits de cette porte. Les trois côtés nord, est et ouest du château dominent des escarpements très-prononcés, au bas desquels s'étend le bourg de Pierrefonds.

Pour pénétrer dans le château, il fallait franchir une porte ouverte à l'extrémité du mur des lices, vers le point D, suivre sous les remparts les terrasses E E' E", entrer par la porte orientale de la basse-cour vers F, traverser diagonalement cette basse-cour, et se présenter devant l'entrée G, percée d'une porte charretière et d'une poterne en équerre s'ouvrant de flanc avec corps de garde. Cette première défense franchie, sous l'énorme tour I du donjon qui la commande verticalement, on se trouvait sur un pont de bois soutenu par deux piles isolées, et on arrivait aux ponts-levis H et K de la porte et de la poterne.

Outre les ponts-levis, le couloir d'entrée L était muni de deux portes et d'une herse tombant en arrière de la petite porte du corps de garde M.

Ce corps de garde occupait le rez-de-chaussée d'une tour de guet carrée, munie de son petit escalier particulier et de ses latrines N à tous les étages; car la partie inférieure encore existante de ces latrines, dont la fosse est conservée, montre encore les languettes séparatives de plusieurs chutes. Par elle-même, cette entrée est bien défendue ; et, la porte charretière de la défense extérieure étant ouverte, il était impossible à des gens placés dans la basse-cour de voir ce qui se passait dans la cour intérieure du château. Mais ce qui vient surtout rendre cette entrée difficile à forcer, c'est la grosse tour I du donjon, dont les murs, d'une épaisseur considérable ($4^m 60^c$), ne sont au rez-de-chaussée percés d'aucune ouverture, et dont les mâchicoulis supérieurs devaient permettre d'écraser les assaillants qui se seraient emparés, soit du pont, soit du fossé. La tour I se relie au donjon proprement dit, de forme carrée, divisé en plusieurs salles, et qui par sa position commande au loin les deux seuls points accessibles du château, c'est-à-dire ses faces sud et sud-est. Mais la construction du donjon mérite d'être examinée avec soin, d'autant mieux que ce logis diffère de ceux des XIIe et XIIIe siècles.

A Pierrefonds, le donjon est non-seulement le point principal de la défense, c'est encore l'habitation seigneuriale, construite avec recherche et contenant un grand nombre de services propres à rendre ses appartements agréables. Il se compose d'un étage de caves, d'un rez-de-chaussée voûté dont nous donnons le plan, qui ne pouvait servir que de magasins, de dépôts de provisions, et de trois étages de salles munies de cheminées. A chaque étage, la disposition était pareille à celle du rez-de-chaussée ; mais les salles, séparées par des planchers, ne possédaient probablement plus les colonnes que nous voyons sur le plan. De la salle principale des étages supérieurs, à laquelle on arrivait par le grand escalier P, on communiquait à la tour carrée O, par un passage pratiqué dans l'angle de jonction, et ces salles principales étaient éclairées chacune par deux larges et hautes fenêtres percées dans le mur oriental de chaque côté des cheminées. Ce donjon était couvert par deux combles, avec chéneau intermédiaire sur le mur de refend, qui le coupe de l'est à l'ouest. Deux pignons à l'est et deux pignons à l'ouest fermaient ces deux combles.

Entre le donjon et la tour sud-est étaient de grandes latrines J, auxquelles on arrivait par un passage détourné; entre ces latrines et la petite salle sud-est du donjon est, à l'entresol, un retrait prenant jour sur la cour Q. De cette même salle sud-est, au niveau des caves, on communiquait à une petite poterne R donnant sur le fossé et à l'escalier de la tour d'angle. Un gros contre-fort S, à l'angle du donjon sur la cour principale, était probablement terminé par un échauguette, et formait comme un petit redan qui commandait le couloir de l'entrée L. Le grand escalier P était précédé, du côté le plus en vue de la cour, par un large perron et une loge ou portique qui permettaient au seigneur et à ses principaux officiers de réunir la garnison dans la cour et de lui donner des ordres d'un point élevé. La disposition de ce perron dut être modifiée ; nous avons lieu de croire qu'il n'était dans l'origine qu'une terrasse avec un petit escalier posé sur le côté. Une annexe importante du donjon de Pierrefonds, c'est la tour carrée O. Posée à l'angle nord-est, elle est flanquée de contre-forts portant à leur sommet des échauguettes qui permettaient de voir ce qui se passait dans la campagne par-dessus la courtine T, la seule qui ne soit pas doublée par des bâtiments, car l'espace Q est une cour. En V la courtine T est percée d'une large poterne, munie de vantaux et d'un pont-levis ; le seuil de cette poterne est placé à 8 mètres au-dessus de la base extérieure de la muraille. A partir de cette base, l'escarpement du plateau étant assez abrupt, il n'est guère possible d'admettre qu'un pont à niveau donnât accès à la poterne ; quoiqu'en face, à 50 mètres environ du rempart, il existe un mamelon qui paraît élevé en partie de main d'homme et qui semble avoir été surmonté d'un châtelet. Nous serions disposé à croire que la poterne V était munie d'une de ces trémies assez fréquemment employées dans les châteaux pour faire entrer, au moyen d'un treuil, les approvisionnements de toute nature sans être obligé d'admettre des personnes étrangères à la garnison dans l'enceinte intérieure ; dans ce cas, le châtelet placé sur le mamelon en dehors aurait été destiné à masquer et à protéger l'introduction des approvisionnements. Comme surcroît de précaution, le contre-fort nord-est de la tour O, relié à la chapelle Y, est percé d'une porte garnie de vantaux et d'une herse. Si donc il était nécessaire d'admettre des étrangers dans la cour Q pour l'approvisionnement du château, ceux-ci ne pouvaient pénétrer dans la cour intérieure, ni même voir ce qui s'y passait. Nous verrons tout à l'heure quelle était l'utilité double de cette porte X. La tour carrée O possède cinq étages au-dessus du rez-de-chaussée, se démanchant avec les planchers du donjon, et ne communiquant, comme nous l'avons dit, avec ceux-ci que par des passages détournés et des bouts de rampes. C'était un ouvrage qui au besoin pouvait s'isoler, commandait les dehors par son élévation, donnait des signaux aux défenses supérieures de la grosse tour I et en pouvait recevoir. Les deux entrées principales du château, G et V, étaient ainsi fortement protégées par des ouvrages très-élevés et puissants, les deux angles sud-ouest et nord-est du donjon, bien appuyés, bien flanqués, couvraient sa masse. Quant à l'angle sud-est, le plus exposé, il était devancé par une tour très-haute Z, possédant une guette et cinq étages de défense. Ce n'était donc pas par sa propre construction que le donjon de Pierrefonds, l'habitation seigneuriale, se défendait, mais par les appendices considérables dont il était entouré.

Les autres parties du château de Pierrefonds ne sont pas moins intéressantes à observer. La grand'-salle était en *a* couverte par une charpente lambrissée avec entraits apparents, suivant l'usage ; une large cheminée la chauffait ; elle était éclairée par de grandes lucarnes s'ouvrant du côté extérieur, dans le comble lambrissé, et du côté de la cour, probablement par des fenêtres percées dans le mur à quelques mètres au-dessus du sol. La grand'salle était en communication avec une seconde salle *b*, également chauffée par une cheminée. De cette salle *b* on parvenait à la tour du coin c. La construction de cette tour est exceptionnelle, et nous pensons qu'on peut la regarder comme destinée aux *oubliettes*.

Il n'est pas un château dans lesquels les *guides* ne nous fassent voir des oubliettes, et généralement ce sont les latrines qui sont décorées de ce titre et que l'on suppose avoir englouti des victimes humaines, sacrifiées à la vengeance des châtelains féodaux ; mais cette fois il nous paraît difficile de ne pas voir de véritables *oubliettes* dans la tour sud-ouest du château de Pierrefonds. Au-dessous du rez-de-chaussée est un étage voûté en arcs-ogives ; et au-dessous de cet étage, une cave d'une profondeur de 7 mètres, voûtée en calotte elliptique. On ne peut descendre dans cette cave que par un œil percé à la partie supérieure de la voûte, c'est-à-dire au moyen d'une échelle ou d'une corde à nœuds ; au centre de l'aire de cette cave circulaire est creusé un puits qui nous a paru avoir 8 mètres de profondeur, bien qu'en partie comblé ; puits dont l'ouverture de 1^m 60^c de diamètre correspond à l'œil pratiqué au centre de la voûte elliptique de la cave. Cette cave, qui ne reçoit de jour et d'air extérieur que par une étroite meurtrière, est accompagnée d'un siége d'aisances pratiqué dans l'épaisseur du mur. Elle était donc destinée à recevoir un être humain, et le puits creusé au centre de son aire était probablement une tombe toujours ouverte pour les malheureux que l'on voulait faire disparaître à tout jamais.

Ce qui viendrait appuyer encore notre opinion, c'est que la grand'salle *a* servait, suivant l'usage, de tribunal (son parquet était placé en *a'*). Les justiciables cités devant le tribunal du seigneur étaient introduits par le corps de garde M dans la salle d'attente *b*, sans pouvoir entrer dans la cour du château, puisque la herse du passage L est placée au delà de l'entrée de ce corps de garde. C'était là, en effet, un point important, aucune personne étrangère à la garnison ne devant, à cette époque, pénétrer dans un château à moins d'une permission spéciale. Après avoir subi la question dans la tour *e*, joignant la grand'salle, si les accusés étaient reconnus coupables, ils étaient ramenés devant la tribune *a'* pour entendre prononcer leur condamnation, et de là entraînés dans la tour du coin *c* pour y être enfermés, soit dans la salle du rez-de-chaussée, soit dans la cave, soit enfin dans le cul de basse-fosse que nous venons de décrire, suivant la rigueur de la peine qu'ils devaient subir. S'ils étaient reconnus innocents, ils sortaient par le corps de garde comme ils étaient entrés, sans pouvoir donner les moindres détails sur les dispositions intérieures du château, puisqu'ils n'avaient vu que le tribunal et ses annexes.

La grand'salle *a* et celle annexe *b* occupaient toute la hauteur du bâtiment en aile. La tour *e* était munie de cinq étages de défenses, flanquait la courtine et commandait le dehors des lices.

La garnison logeait dans l'aile du nord, et au rez-de-chaussée; les cuisines étaient très-probablement disposées en *l*. Un grand escalier à vis *f* montait aux deux étages de cette aile, au-dessus du rez-de-chaussée. La tour *g* contient de grandes latrines à tous les étages, ce qui indique sur ce point un nombreux personnel. Ces latrines sont ingénieusement disposées pour éviter l'odeur. Elles ont à l'étage inférieur une large fosse avec un massif au centre pour faciliter la vidange, conduit latéral pour l'extraction des matières, et tuyaux de ventilation.

Un poste était établi dans les salles *h*. Les deux tours l U', les mieux conservées de tout le château, sont admirables comme construction et dispositions défensives; tous leurs étages, sauf les caves, sont munis de cheminées. Deux autres salles réservées à la garnison sont situées en *m*. C'était par la salle *n* que l'on descendait aux vastes caves qui s'étendent sous l'aile de l'ouest. Nous donnons en B, *fig*. 1re, le plan de l'étage inférieur de l'aile du nord, au niveau du sol des lices, qui se trouve à 8 mètres en contre-bas du sol de la cour intérieure. En *p* est une petite poterne fermée seulement par des vantaux. C'était par cette poterne que devaient sortir et rentrer les rondes en cas de siége et avant la prise des lices. Lorsqu'elles voulaient rentrer, les rondes se faisaient reconnaître au moyen d'un porte-voix pratiqué à la gauche de cette poterne, et qui, se divisant en deux branches dans l'épaisseur du mur de refend, correspondait au poste du rez-de-chaussée *h* et au premier étage. Il fallait ainsi que deux postes séparés eussent reconnu la ronde pour faire ouvrir la poterne par des hommes placés dans un entresol situé au-dessus de l'espace *g*, à mi-étage. Mais ces hommes n'entendaient pas le mot de passe jeté par ceux du dehors dans le porte-voix, et ne devaient aller ouvrir la poterne, en descendant par un escalier de bois pratiqué en *u*, qu'après avoir reçu des ordres du poste supérieur. D'ailleurs, en cas de trahison, le poste voûté de l'entresol, ne communiquant pas avec le rez-de-chaussée au niveau de la cour, n'eût pas permis à l'ennemi de s'introduire dans le château, en admettant qu'il fût parvenu à surprendre ce poste. Une fois la ronde entrée par la poterne *p*, il était nécessaire qu'elle connût les distributions intérieures du château; car pour parvenir à la cour, il lui fallait suivre à gauche le couloir *s*, se détourner sous l'aile de l'est, monter par le petit escalier à vis *t*, passer sur un pont volant assez élevé au-dessus de la cour Q, et se présenter devant la porte X fermée de vantaux et par une herse. Si une troupe ennemie s'introduisait par la poterne *p*, trois couloirs se présentaient à elle, dont deux, les couloirs *r* et *k*, sont des impasses; elle risquait ainsi de s'égarer et de perdre un temps précieux.

Si les dispositions défensives du château de Pierrefonds n'ont pas la grandeur majestueuse de celles du château de Coucy, elles ne laissent pas d'être combinées avec un art, un soin et une recherche dans les détails, qui prouvent à quel degré de perfection étaient arrivées les constructions des places fortes seigneuriales à la fin du xive siècle, et jusqu'à quel point les châtelains, à cette époque, se tenaient sur leurs gardes.

Les lices E E' E" étaient autrefois munies de merlons détruits pour placer du canon à une époque plus récente; elles dominent l'escarpement naturel, qui est de 20 mètres environ au-dessus du fond du vallon. Au sud de la basse-cour, le plateau s'étend de plain-pied en s'élargissant et se relie à une chaîne de collines en demi-lune, présentant sa face concave vers la forteresse. Cette situation était fâcheuse pour le château, du moment que l'artillerie à feu devenait un moyen ordinaire d'attaque, car elle permettait d'envelopper la face sud d'un demi-cercle de feux convergents. Aussi, dès l'époque de Louis XII, deux forts en terre, dont on retrouve encore la trace, avaient été élevés au point de jonction du plateau avec la chaîne de collines. Entre ces forts et la basse-cour, de beaux jardins s'étendaient sur le plateau, et ils étaient eux-mêmes entourés de murs, de terrasses avec parapets. Sur les flancs du plateau en question, on voit encore des restes de ces murs de soutènement, renforcés de contre-forts, et du côté de l'ouest, les pieds-droits d'une belle poterne défendue.

Nous avons vainement cherché les restes des aqueducs qui devaient nécessairement amener de l'eau dans l'enceinte du château de Pierrefonds. Nulle trace de puits dans cette enceinte, non plus que dans la basse-cour. Les approvisionnements d'eau étaient donc obtenus au moyen de conduits qui allaient recueillir les sources que l'on rencontre sous le sol des collines se rattachant au plateau. Tout ce qui est nécessaire à la vie journalière d'une nombreuse garnison et à sa défense est trop bien prévu ici pour laisser douter du soin apporté par les constructeurs dans l'exécution des aqueducs. Il serait intéressant de retrouver la trace de ces conduits, au moyen de fouilles dirigées avec intelligence.

Une vue cavalière restaurée du château de Pierrefonds, prise du côté des lices du nord, fera saisir l'ensemble de ces dispositions, qui sont encore aujourd'hui très-importantes, malgré l'état de ruine des constructions (V. *fig.* II*e*).

Mais ce qui doit attirer particulièrement l'attention des visiteurs dans cette magnifique résidence, c'est le système de défense nouvellement adopté à cette époque. Chaque portion de courtines est défendue à la partie supérieure par deux étages de chemins de ronde; l'étage inférieur étant muni de mâchicoulis, créneaux et meurtrières; l'étage supérieur sous le comble de créneaux et meurtrières seulement.

Les sommets des tours possèdent trois, quatre et cinq étages de défenses, un chemin de ronde avec mâchicoulis et créneaux au niveau de l'étage supérieur des courtines, un ou deux étages de créneaux, meurtrières intermédiaires, et un parapet crénelé autour des combles. Si l'on s'en rapporte à une vignette assez ancienne (VI*e* siècle), la tour *e* bâtie au milieu de la courtine de l'ouest, vers la ville, possédait cinq étages de défenses, ainsi que celles du coin Z et du donjon I. Une guette très-élevée surmontait celle du coin Z. Malgré la multiplicité de ses défenses, le château pouvait être garni d'un nombre de défenseurs relativement restreint, car ces défenses sont disposées avec ordre, les communications entre elles sont faciles, les courtines sont bien flanquées par des tours saillantes et rapprochées. Les rondes peuvent se faire de plain-pied tout autour du château à la partie supérieure, sans être obligées de descendre des tours sur les courtines et de remonter de celles-ci dans les tours, ainsi que l'on était forcé de le faire dans les châteaux des XII² et XIII² siècles.

La figure III² donne la partie supérieure des tours d'angle restaurée, avec les chemins de ronde des courtines et les crénelages à la base des combles. Nous mettons en regard, *fig.* IV, la vue (état actuel) de cette même tour. En comparant ces deux vignettes on se rendra un compte exact du système de défense.

On remarquera qu'aucune meurtrière n'est percée à la base des tours. Ce sont les crénelages des murs extérieurs des lices aujourd'hui détruits qui seuls défendaient les approches. La garnison forcée dans cette première enceinte se réfugiait dans le château, et occupant les étages supérieurs, bien couverts par de bons parapets, elle écrasait les assaillants qui tentaient de s'approcher du pied des remparts.

Bertrand Du Guesclin avait attaqué quantité de châteaux bâtis pendant les XII² et XIII² siècles, et, profitant du côté faible des dispositions défensives de ces places, il faisait le plus souvent appliquer des échelles le long des courtines basses des châteaux de cette époque ; ayant soin d'éloigner les défenseurs par une grêle de projectiles, il brusquait l'assaut et prenait les places autant par eschelades que par les moyens lents de la mine et de la sape. La description du château du Louvre, donnée par Guillaume de Lorris au XIII² siècle, dans le *Roman de la Rose*, fait connaître que la défense des anciens châteaux des XII² et XIII² siècles exigeait un grand nombre de postes divisés, se défiant les uns des autres et se gardant séparément. Ce mode de défense était bon contre des troupes n'agissant pas avec ensemble et procédant, après un investissement préalable, par une succession de siéges partiels ou par surprise ; il était mauvais contre des armées disciplinées, entraînées par un chef habile qui, abandonnant les voies suivies jusqu'alors, faisait sur un point un grand effort, enlevait les postes isolés sans leur laisser le temps de se reconnaître et de se servir de tous les détours et obstacles accumulés dans la construction des forteresses. Pour se bien défendre dans un château du XIIIe siècle, il fallait que la garnison n'oubliât pas un instant de profiter de tous les détails infinis de la fortification. La moindre erreur ou négligence rendait ces obstacles non-seulement inutiles, mais même nuisibles aux défenseurs ; et dans un assaut brusqué, dirigé avec énergie, une garnison perdait ses moyens de résistance à cause même de la quantité d'obstacles qui l'empêchaient de se porter en masse sur le point attaqué. Les défenseurs, obligés de monter et de descendre sans cesse, d'ouvrir et de fermer quantité de portes, de filer un à un dans de longs couloirs et des passages étroits, trouvaient la place emportée avant d'avoir pu faire usage de toutes leurs ressources. Cette expérience profita certainement aux constructeurs de forteresses à la fin du XIVe siècle ; ils donnèrent plus de relief aux courtines pour se garantir des eschelades, n'ouvrirent plus de meurtrières dans les parties basses des ouvrages, mais les renforcèrent par des talus qui avaient encore l'avantage de faire ricocher les projectiles tombant des mâchicoulis; ils mirent les chemins de ronde et courtines en communication directe, afin de présenter, au sommet de la fortification, une ceinture non-interrompue de défenseurs pouvant facilement se rassembler en nombre sur le point attaqué et recevant les ordres avec rapidité; ils munirent les mâchicoulis de parapets solides bien crénelés et couverts, pour garantir les hommes contre les projectiles lancés du dehors. Les chemins de ronde s'ouvrant sur les salles supérieures servant de logement aux troupes (les bâtiments étant alors adossés aux courtines), les soldats pouvaient à toute heure et en un instant occuper la crête des remparts.

Le château de Pierrefonds remplit exactement ce nouveau programme. Nous avons fait le calcul du nombre d'hommes nécessaires pour garnir l'un des fronts de ce château : ce nombre pouvait être réduit à soixante hommes pour les grands fronts et à quarante pour les petits côtés. Or, pour attaquer deux fronts à la fois, il faudrait supposer une troupe très-nombreuse, deux mille hommes au moins, tant pour faire les approches que pour forcer les lices, s'établir sur les terre-pleins EE'E", faire approcher les engins et les protéger. La défense avait donc une grande supériorité sur l'attaque. Par les larges mâchicoulis des chemins de ronde inférieurs, elle pouvait écraser les pionniers qui auraient voulu s'attacher à la base des murailles. Pour que ces pionniers pussent commencer leur travail, il eût fallu, soit creuser des galeries de mine, soit établir des galeries en bois ; ces opérations exigeaient beaucoup de temps, beaucoup de monde et un matériel de siége. Les tours et courtines sont d'ailleurs renforcées à la base par un empattement qui double à peu près l'épaisseur de leurs murs, et la construction est admirablement faite en bonne maçonnerie, avec revêtement de pierres de taille. Les assaillant se trouvaient, une fois dans les lices, sur un espace étroit, ayant derrière eux un précipice et devant eux de hautes murailles couronnées par plusieurs étages de défenses ; ils ne pouvaient se développer, leur grand nombre devenait un embarras, exposés aux projectiles de face et d'écharpe, leur agglomération sur un point devait être une cause de pertes sensibles ; tandis que les assiégés, bien protégés par leurs chemins de ronde couverts, dominant la base des remparts à une grande hauteur, n'avaient rien à redouter et ne perdaient que peu de monde. Une garnison de trois cents hommes pouvait tenir en échec un assiégeant dix fois plus fort pendant plusieurs mois.

Si, après s'être emparé des terrasses, du jardin et de la basse-cour de Pierrefonds, l'assiégeant voulait attaquer le château par le côté de l'entrée, il lui fallait combler un fossé très-profond, enfilé par la grosse tour I du donjon et par les deux tours de coin ; sa position était plus mauvaise encore, car soixante hommes suffisaient largement sur ce point pour garnir les défenses supérieures ; et, pendant l'attaque, une troupe faisant une sortie par la poterne p allait prendre l'ennemi en flanc dans le fossé, soit par le terre-plain E, soit par celui E". Le châtelain de Pierrefonds pouvait donc, à l'époque où ce château fut construit, se considérer comme à l'abri de toute attaque, à moins que le roi n'envoyât une armée de plusieurs mille hommes bloquer la place et faire un siége en règle.

L'artillerie à feu seule devait avoir raison de cette forteresse, et l'expérience prouva que, même devant ce moyen puissant d'attaque, la place était bonne. Henri IV voulut la réduire ; elle était encore entre les mains d'un ligueur nommé Rieux[1]. Le duc d'Épernon se présenta devant Pierrefonds en mars 1591 avec un gros corps d'armée et du canon ; mais il n'y put rien faire et leva le siége après avoir reçu un coup de feu pendant une attaque générale qui fut repoussée par Rieux et quelques centaines de routiers qu'il avait avec lui. Toutefois ce capitaine, surpris avec un petit nombre des siens pendant qu'il faisait le métier de voleur de grand chemin, fut pendu à Noyon, et la place de Pierrefonds, commandée par son lieutenant Antoine de Saint-Chamant, fut de nouveau assiégée par l'armée royale sous les ordres de François des Ursins, qui n'y fit pas mieux que d'Épernon. Une grosse somme d'argent, donnée au commandant de Pierrefonds, fit rentrer enfin cette forteresse dans le domaine royal.

En 1616, le marquis de Cœuvre, capitaine de Pierrefonds, ayant embrassé le parti des mécontents, le cardinal de Richelieu fit décider dans le conseil du roi que la place serait assiégée par le comte d'Auvergne. Cette fois, elle fut attaquée avec méthode et en pro-

---

[1] Voyez, dans la *Satyre Ménippée*, le discours de ce partisan.

fitant de la disposition des collines environnantes. Des batteries, protégées par de bons épaulements qui existent encore, furent élevées sur la crête de la demi-lune de coteaux qui cerne le plateau à son extrémité sud, et sur un petit promontoire du plateau s'avançant dans le vallon du côté du sud-est. Les deux fortins ayant été écrasés de feux furent abandonnés par les assiégés ; le comte d'Auvergne s'en empara aussitôt, y établit des pièces de gros calibre, et, sans laisser le temps à la garnison de se reconnaître, ouvrit contre la grosse tour du donjon, la courtine sud, la poterne V et les deux tours du coin c et Z, un feu terrible qui dura deux jours sans relâche. A la fin du second jour, la grosse tour du donjon s'écroula, entraînant dans sa chute une partie des courtines environnantes. Le capitaine Villeneuve, qui commandait pour le marquis, s'empressa dès lors de capituler, et Richelieu fit démanteler la place, trancher les tours du nord et détruire la plus grande partie des logements.

Tel qu'il est encore aujourd'hui, avec ses bâtiments rasés et ses tours éventrées à la sape, le château de Pierrefonds est un sujet d'étude inépuisable. Des fouilles ont déjà dégagé les ouvrages du sud vers le fossé, et si ces travaux étaient continués, ils donneraient des renseignements précieux ; car c'est de ce côté, comme étant le plus accessible, que devaient être les défenses les plus fortes.

On voit encore dans les salles ruinées du donjon des traces qui indiquent leur décoration intérieure, qui consistait principalement en boiseries appliquées contre les murs. Les rainures destinées à recevoir les bâtis de ces lambris existent, ainsi que de nombreux scellements et quantité de clous à crochet propres à suspendre des tapisseries. Bien que la destruction de cette habitation seigneuriale ait été une nécessité, on ne peut en voyant ses ruines s'empêcher de regretter qu'elle ne soit pas parvenue intacte jusqu'à nous, car elle présentait certainement un spécimen complet d'un château bâti d'un seul jet à une époque où l'artillerie à feu n'était pas encore employée comme moyen d'attaque contre les forteresses, et où cependant les armes à jet du moyen âge et tous les engins de siége avaient atteint leur plus grande perfection. Le château de Pierrefonds, demeuré intact, nous donnerait une idée de ce qu'étaient ces demeures déjà richement décorées à l'intérieur, où les habitudes de luxe et de confort même commençaient à prendre une grande place dans la vie des seigneurs féodaux.

Fig. 1.

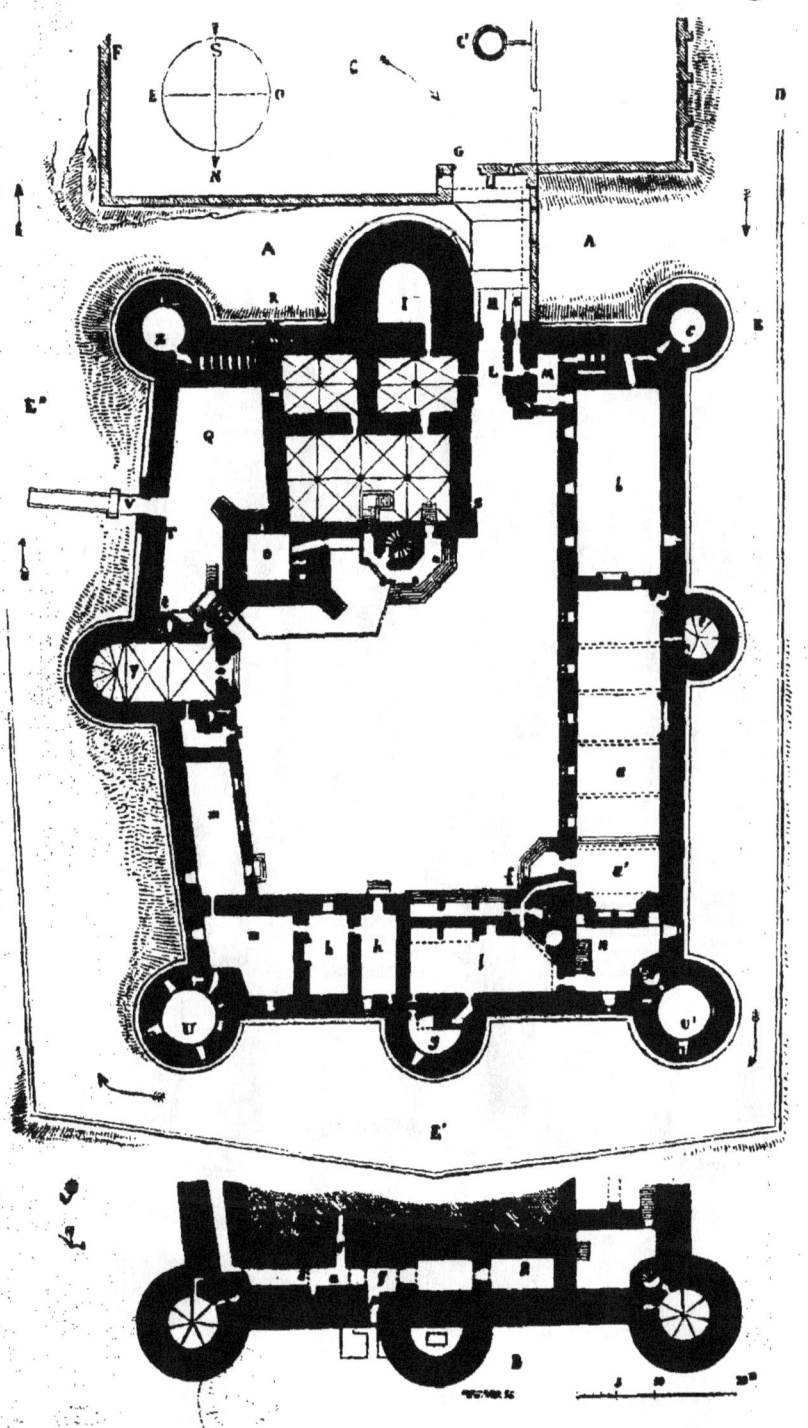

PLAN DU CHATEAU DE PIERREFONDS.

Fig. 2.

VUE RESTAURÉE DU CHATEAU DE PIERREFONDS.

Fig. 3.

TOUR NORD-EST, RESTAURÉE.
CHATEAU DE PIERREFONDS.

Fig. 4.

ÉTAT ACTUEL DE LA TOUR NORD-EST.
CHATEAU DE PIERREFONDS.

www.ingramcontent.com/pod-product-compliance
Lightning Source LLC
Chambersburg PA
CBHW060624050426
42451CB00012B/2410